frank boger

so oder so

kontroverse & katastrophen

AF281624

1. auflage 2002
herstellung: books on demand gmbh
ISBN   3-8311-3473-1

für albrecht specht, der sich kürzlich eine dieser neumodischen reckstangen kaufte, ansonsten aber ganz in ordnung ist

so oder so

zwei paar stiefel

durch das gelände
windet sich
plätschernd
ein bach
ach

ein bach
plätschernd
windet sich
durch das gelände
ende

nachforschung

schob mein vater
auf dem pfad da
sein rad nah
an die stadt na?

wohin nur wohin

in celle
wollt ich auf die schnelle
in den zug nach lehrte
doch war es der verkehrte

kam nach peine
und meine
doofer
war nur hannover

fuhr weiter nach braunschweig
und stand vorm zaun gleich
brachte durch
mich bis magdeburg

war in seesen
kurz gewesen
kam nach braunlage
doch da warn frauntage

so kaufte ich ne tupperschal
und landete in wuppertal

urlaubsplanung

oh mann oh mann
ich geh nach oman
oder dubai
bissu dbei?

quiz

was treibt sich
in leipzig?

wann gehma
nach jena?

wer laachn
in aachen?

wo stehstn
in dresden?

wie scheints
in mainz?

warum brenns durch
nach flensburg?

wozu kaufst hemden
in emden?

rat eines heimatverbundenen spielers

wenn du gewonnen hast
nimm das viele geld
und fahr ohne rast
heim nach bielefeld

doch hosch kaa glück
bleib in osnabrück

auf der jagd

vorn
an der ampel
biegt
der peugeot

nach rechts

oder der opel
der ford
der volkswagen

der fiat

wer will das
so schnell
erfassen

registrieren

ein auto
biegt
um die ecke

biegt?

etwas blaues
huscht
davon

blau?

da springt
das ampellicht
auf rot

rot?

partygeflüster mit prominenz

ist wer dort knabbert
etwa horst tappert?
nein: das ist das geschepper
von fritz wepper!

auf der bank der fette sack
ist das günter strack?
nein: müde des wartens
schläft dort florian martens!

ist dieser zwitter wohl
die gute witta pohl?
nein: das ist ein neger
namens ingrid steeger!

es dringt do aaner lauder sach
is des de heiner lauterbach?
nein: es bringt der knecht nen drink
nur dem volker lechtenbrink!

schlug in scherben
alles iris berben?
nein: weil sie zu viel soff
war das maja maranow!

sieh an sieh an sieh an
kotzt dort nicht katja riemann?
nein: nur ihre schenkel naß
macht sich die fesche uschi glas!

funkelt bös vor ärger
da nicht senta berger?
nein: weil ich ihr die hand gebe
zittert gudrun landgrebe!

tanzt gewöhnlich
denn heinz hönig?
nein: in seinem arm als geisel
hält fest er inge meysel!

unsicher

fühl mal den sand
an meiner hand
ist das krank?

fühl mal den mund
an meinem hund
ist das gesund?

fühl mal die tatze
meiner katze
ist das gekratze?

erfahrung

buben
die bübeln
gern
der wohnung
entstübeln

knaben
die knäbeln
gern
die mädchen
schnäbeln

kerle
die kerlen
gern
verschenken
perlen

männer
die männen
gern
mit frauen
pennen

weiber
die weiben
machen schluß
mit dem
treiben

so oder so

gesunde – das entspricht ihrem wesen
stehn gern trinkend am tresen
– prost

sie haben gelesen
daß kranke genesen
als sei nichts gewesen
– trost

doch überlesen
daß leichen verwesen
– ghost

pluralismus

gehässige denken
was knackt in den gelenken
der alten auf den bänken

gefallene meinen
das kommt von deren kleinen
spaghettidürren beinen

puristen klagen
das kommt von den gelagen
die alten auf den magen schlagen

phantasten glauben
auf den schmucken hauben
der alten wachsen trauben

kluge schweigen
weil dichter dazu neigen
immer zu übertreiben

dichten verdichten und abdichten

stehen
sehen
gehen

verstehen
versehen
vergehen

abstehen
absehen
abgehen

richten
verrichten
abrichten

bleiben
verschreiben
abreiben

bauen
versauen
abtauen

willkommen
verkommen
abkommen

lieben
loben
heiraten

verlieben
verloben
abraten

rat
verrat
ort
abort

ordnung
abordnung
verordnung

medizin
abziehn
verziehn

berlin
aberdeen
pamplona
verona

heidi
verdi
otto
abba

stand
verstand
abstand

abs
vers
s

schuß
verdruß
abschluß

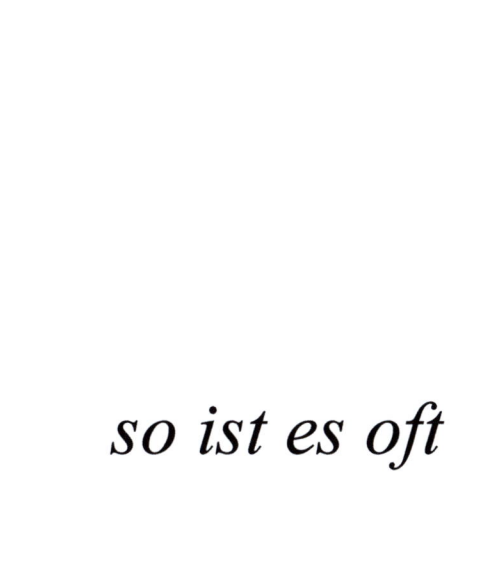

so ist es oft

befreiung in schleifen

mit der gabe versehen
das übermächtige und endliche zu erblicken
liegt der beleibte jüngling
zigarrerauchend auf der matratze
und bläst ringe in die luft
durch die hindurch zu entschlüpfen
er nicht in der lage ist

schon mit der nächsten bewegung
erfährt er das allgegenwärtige
und redet sich
zum wiederholten mal
ins verschwinden

good morning

ich stehe
in niemandes nähe

bin gern
mein eigener stern

und erwache
täglich in einer lache

voll blut
die nimmt mir den mut

zum aufstehn

wenn ich dennoch mich erhebe
dann weil ich nun mal lebe

fenster zum hof

und
im hof

am sandkasten
schäbig
mit traurigem blick

das kleine mädchen
gelehnt am zaun

und
in der einfahrt

an der mauer
mickrig
im faden gegenlicht

wächst schüchtern
ein halm

so ist es oft

oft ist es so
daß es nicht so ist

und dann sagt man sich
sonne scheiße

aber ist es nicht gut
daß es nicht so ist

und selbst wenn
es so wäre

wäre es
dann so

immer irgendwie irgendwo dazwischen

immer

gedichte
nein
warum nicht
es reimt sich doch
ja manchmal aber
was aber
würdest du meinen du seist ein gedicht
wieso
albrecht specht das reimt sich
ach du spinner
stimmt

irgendwie

gedichte
nein
was dann
weiß nicht beiträge vielleicht
beiträge wozu
weiß nicht zu mir vielleicht
zu dir
ja zu meiner person

irgendwo

gedichte
nein
glaub ich dir

dazwischen

freust du dich
aber albrecht warum denn

vom winde verweht

höre
die worte
entschwinden
in die ewigkeit
nur das
vergessen
bleibt

vertrieben

draußen
vor dem hotel
teilt der
stählerne schein

des
neonlichts
die dunkelheit
in stücke

und auf einmal
als die tür
hinter mir
zuschlägt

fühle
ich mich
nicht mehr
allein

ein traum zerbricht

ich war
ich war
ich bin es jetzt
und geb es nicht mehr her

ich bin
ich bin
ich bleibe es
damit ich nicht noch mehr

ich war es nicht
ich bin es nicht
ich bleib es nicht
dennoch freu ich mich sehr

der außenseiter

ich freue mich sehr
sprach zu mir neulich
ein recht unbedeutender mann

mir hat das zu denken gegeben
denn daß ein mensch sich freuen kann im leben
bereit ist dieses zuzugeben

ist doch wohl etwas mehr
als eben
nur erfreulich

auf dem weg

auf dem weg
der baum
das blatt
es fliegt
schweigsam

im wipfel
ein vogel
kleidsam

aus den kaminen
des talwärts gelegenen dorfes
quillt rauch
auch

noch immer wartet
der bibliothekar
auf das entliehene
buch

abschied mit schrecken

die lippen lecken
die zähne blecken
die beine strecken
unter die decke
stecken

und um zehn ecken
mit zecken
und schnecken
verrecken

nie mehr erwecken

das richtige werkzeug

solch
ein dolch
für den molch
ist das nicht übertrieben
besser
wäre ein messer
reinschieben

so what

geruhsamer sonntagsausflug

(an vicco & ernst)

pick
nick
pick
nick
knat
pick
nick
knat
ter
pick
nick
knat
ter
ton

ampferlatein

(an joachim)

am straßenrand spricht zu sich laut
der sauerampfer

wie gern hätt ich das reine heidekraut
einmal zu gast auf meinem dampfer

doch wie das schicksal es nun will
der saure ampfer nimmt den dill

der heidi fehlt nämlich ihr häutchen
sie ist ja auch ein straßenkräutchen

papperlapapp

(an wum)

auf der koppel
an der pappel
trifft der hase hoppel
den hasen happel

kommt die häsin rappel
meint zum hasen happel
was suchst du hase happel
denn hier an dieser pappel
auf der koppel
mit dem hoppel

meint der hase happel
zu der häsin rappel
nun halt doch endlich deinen schnappel
jeden tag dasselbe drama
kauf dir lieber ein pfund rama

aus dem tagebuch einer schnecke

(an ingo & co)

eine schnecke sitzt im tiefen gras
auf einem stumpf vom baume

und sie kauert
kau-hau-hau-hau-ert
sie kau
sie kau
sie kauert

ihr schmeckte nicht was sie dort fraß
drum pflückt sie sich ne pflaume

doch das dauert
dau-hau-hau-hau-ert
das dau
das dau
das dauert

so what

(an christian)

auf ner säule
sitzt ne eule

kommt der lot
har mit ner keule

schlägt die eule
auf der säule

mit der keule
mausetot

antigone der landstraße

oder wie aus einer scheibe mettwurst ein schinkenhäger wurde

(an karl)

eine scheibe mettwurst
ging auf einer landstraße spazieren
sie hatte schrecklichen durst
und mußte auch noch frieren

da kam ihr ein schinken
entgegengeeilt
er gab ihr zu trinken
und hat ihr unter die pelle gegeilt

sie wurde rot
und sehr verlegen
schlug ihn tot
und begann ihn zu hegen

morgenstund

(an heinz)

fahlgelb
zittert
das rührei

laut knisternd
protestieren
die hash browns

als ahnten sie
die bevorstehende
ketch-up-sintflut

nur die
sausages
geben ein kaum

wahrnehmbares
zucken
von sich

durst

(an bud)

als
inmitten
der riesigen
wüste nevadas
der highway
ganz unvermittelt
eine seichte
kurve macht

als
sich das
entfernte blinken
anfänglich
für ein
sich näherndes
fahrzeug gehalten
als achtlos
fortgeworfene
zerknautschte
bierdose
entpuppt

packt sich
der fahrer
an die kehle
und schluckt trocken

schlafsack-blues

(an muddy)

wenn der kühle abendwind
raschelnd durch die bäume ging

wenn am himmel ganz hoch droben
die wolken sich zusammenschoben

wenn am eingang das laternchen
sein licht entflammte gleich einem sternchen

wenn die beiden mädchen zu meiner linken
aufhörten ihre milch zu trinken

wenn sich an der ecke dort die beiden trafen
dann – ja dann war zeit zum schlafen

auskunft

(an bo)

who is who
who is he

me is me
wie heißen sie

bitte pleasemals your pardon
thats my son

me is my name
oh what a shame

die seele des fußballs

(an tante käthe)

uwe
uwee
uuwee
uuweee
uuuweee
uuuweeee
uuuuweeee
uuuuweeeee
uuuuuweeeee

ooooooweeeee
ooooooweeee
oooooweeee
ooooweee
oooweee
ooowee
oowee
oowe
owe
o

siehste

(an oscar)

heide sechsachtzig
udo siebzig
uwe zweiundsiebzig
jo rindt tot

im wetteramt zu offenbach

(nach heinz)

dies gedicht
ist kein gedicht
denn dies gedicht
ist leider ein gerücht

hinter einen kleinen linde
saß ein fröschelein
mit seinem kinde
und das in offenbach am main

jeden morgen um halb zehn
stieg dieser frosch ein sehr gescheiter
hinauf auf seine leiter
und wollte nach dem wetter sehn

er schnupperte in die luft
verarbeitete den duft
stieg von seiner leiter
und rechnete auch unten weiter

war er endlich fertig um halb vier
gab er seinem sohn das stück papier
und sagte ihm genau voraus
so sieht bald das wetter aus

frosch junior aber staunte
und zu seinem vater raunte
wird das wetter gut
wird das wetter schlecht

ich ziehe meinen hut
denn vater du hast immer recht

vater frosch wurd schnell bekannt
er zog herum im ganzen land
und überall wurd er verehrt
denn seine rechnung die war nie verkehrt

in offenbach im wetterhaus
guckt ein auf einer leiter
stehender gescheiter
wackrer kleiner frosch heraus

und paßt ihm nicht das klima
ändert ers im handumdrehn
das finden alle leute prima
und alle leute schön

kommst du einmal nach offenbach
sag jenem kleinen frosch doch guten tag

ganz in weiß

(an roy & rex)

nach einer kalten nacht
wenns friert
fällt auf die erde sacht
schnee

so bleibt er liegen
herrlich frisch und unberührt
bis schaufel- oder besenschieben
ihn zerstört

weiß fiel er weiß lag er
weiß wurd er geschoben
und weiß kommt von den wolken droben
noch mehr

weißer ists nicht etwa bunter
weiß aus tradition
fiel er doch mal anders runter
wärs revolution

im zeitalter der pop-kultur
fänd ichs schon auch interessant
fiele pop-schnee nur
auf das kahle triste land

so weiter

gedicht über arroganz und methode

(nach f.c.)

1

nehmen wir mal das beispiel hans k.
wie großklotzig der ist und maulaffe
saftmeier kann man auch sagen wenn man
bedenkt was der so alles zu komprimieren hat
und liegt doch außer seiner frau
keinem im ohr

2

seitdem hat die zahl der verspätungen pro kopf
doch keineswegs zugenommen
und wenn sich zu diesem sachverhalt
jetzt zum x-ten mal und noch läppisch
die jüngeren mäuler öffnen und
fragen wie man das und das
abschaffen müßte
dreht er die ohren schon weg
wir wissen allmählich warum

3

nun kommen aus norddeutschen kälbern
ganz beleidigte vorwürfe
so ginge das nicht
so ginge man doch bitte mit uns nicht um
und nur weil wir verspätet in die
klasse kommen und ihm weiteres
künstliches in sein geschiß tun
nur weil wir lieber mal tadelhaft werden
(also harmlos noch immer) und
unter brüdern gesagt gern mal

auf den schulhof kacken
wenns glückt mit arroganz und methode

4
nee von den kümmerlichen paukern
haben wir lange genug gelernt wie
man am biederlichsten die schnauze
hält in verschiedenen sprachen
aber nie wie man sie ganz gezielt aufreißt
wenns sein muß auf straßen und
möglichst im plural
wir fangen erst an mit spaß an
größeren gesten und anstrengungen
des kopfs denn friedlicher
wird die nächste generation bestimmt nicht
da geht ihr ein wie ne primel

gedicht gegen die ausbeutung der schülerklasse

(an friedrich & karl)

herr m. unser klassenlehrer
ist ein großer weinverehrer
welcher ist sehr billig dann
wenn man ihn selbst produzieren kann

unsere hilfe wollt er haben
wir gingen ihm zur hand
doch alles was wir gaben
wurd gar nicht anerkannt

er versprach uns bessre noten
wir hatten ihm geglaubt
denn was er geboten
ist eigentlich nicht erlaubt

wir haben uns geschunden
einen tag und eine nacht
und über unsre wunden
hat er nur laut gelacht

wir schafften nur ein drittel
von dem was er uns vorgeschrieben
er wußte eine reihe mittel
so daß wir letztlich blieben

wir mußten uns weiter schinden
einen tag und eine nacht
diesmal haben wir einen linden
zu linden wein gemacht

da gab er uns nichts zu essen
wir wurden weiter gequält
er hat unterdessen
die vollen fässer gezählt

wir waren so ziemlich am ende
mit unserem kräftevorrat
er schlug uns auf die hände
eine psychologisch wichtige tat

wir haben uns weiter geschunden
einen tag und eine nacht
diesmal haben wir einen gesunden
lieblichen wein gemacht

das war ihm auch nicht recht
er hat uns angebrüllt
der wein sei schlecht
und das soll noch lange nicht erfüllt

uns ginge es viel zu gut
wir seien gar nichts wert
und machten obendrein mut-
willig alles verkehrt

wir haben einfach aufgehört
wir wollten mit ihm reden
er hat uns gar nicht angehört
und uns nen tritt gegeben

da ließen wir uns gehen
und haben kurzerhand
seine werkstatt abgebrannt
doch wer wird uns schon verstehen

mensch kanzler

(an ???)

kanzler mein
viel allein
kleidet sich fein

kanzler schick
stück für stück
braucht viel glück

kanzler smart
voll in fahrt
und eisenhart

kanzler stark
trifft ins mark
wie bismarck

kanzler krieg
bombendick
bis zum sieg?

moritat vom ewigen zau(b)derer

(an mariechen)

wo im norden leuchttürme stehen
und rauhe scharfe winde wehen
ist diese tat des nachts geschehen
doch hat sie nie jemand gesehen

er war ein männchen voller güte
regieren tat er auch sehr gern
bekam so manche doktorhüte
und auch den friedensnobelstern

da kam der rainer von der garde
und lud ihn ein zum maskenball
jedoch verlor der tapfere barde
die schlechte maske und ging zu fall

jedoch das männchen regierte weiter
mit viel ach-weh und gott-sei-dank
es gab sich froh und manchmal heiter
man glaubte schon sein leben lang

doch vom regieren wurd er müde
und rut auf dem was er gebaut
daß er sich schon an höherem übe
wurd mehr und mehr ihm zugetraut

nun hat er all sein glück verloren
und schaut zurück nach westberlin
dort wurde das idol geboren
in bonn jedoch schmolz es dahin

man fand den willy regungslos
arm und gänzlich unrasiert
auf einem kleinen plankenfloß
am fuß des leuchtturmes plaziert

und seine gute rechte hand
war angebrandt war angebrandt

pro patria

(an erich)

deutsches volk
deutscher prinz
alles deutsch
jetzt provinz

deutsches leben
deutsches glück
deutsch vergeben
stück für stück

deutsche ader
deutsches blut
deutscher schlager
höchstes gut

deutsches geld
deutsche mark
alles fällt
nur du bleibst stark[1]

[1] *wenn deutsches bier in diesem zusammenhang
unberücksichtigt bleibt*

schöne neue republik

(an kurt)

hunderttausend
hände
streckten sich
in die luft

hundertausend
hälse
reckten sich
zum schuft

hunderttausend
...
stecken
in der gruft

und noch immer
und schon wieder
schmecken[1)]
wir den braunen duft

[1)] *nichtschwaben setzen bitte „atmen" ein*

die beiden

(an dr. no)

weißt du wer den krieg gewann
das war ein starker starker mann
mit einem kran
weißt du wie ers getan

der starke starke mann
stieg einfach in den kran
er drückte hier und da und dort
und krante fort von ort zu ort

hände hoch
tu es doch
sonst leg ich dich um

du willst es nicht
oh du armer wicht
weißt du was du getan

du tatest nicht wie dir befohlen
jetzt wird ein starker starker mann
dir noch dein leben holen

so fort

blutige zeiten

(an matthias)

da fällt mir ein
rechtzeitig noch
ich vergaß das geschenk
ich bin so ein schwein
du kennst mich doch
weiß nicht woran ich denk

woran ich nicht dachte
was ich vergaß
muß ich in worte zwängen
was ich dir eben machte
nur so zum spaß
ist zum übers-bettchen-hängen

was ich nicht hatt
niemals besaß
daraus ist ein geschenk geworden
das bis du platt
waaaaaas
hoffentlich
sonst werd ich dich ermorden

name it

(an günther)

es gibt
im amerikanischen
fernsehen
ein ratespiel

in dem zwei
kandidaten
abwechselnd
fragen

aus einem
neuner-quadrat
zu beantworten
haben

bis einer
von ihnen
waagerecht
senkrecht

oder sogar
diagonal
eine dreier-reihe
komplettiert hat

for 5400 dollars
and
tic tac dow
name it

ein mann namens miller

(an edgar & francis)

es nebelt
irgendwo schreit ein huhn
bauer pfeiffer liegt geknebelt
auf seinem bett als wollt er ruhn

der vorortszug rauscht durch die nacht
drinnen sitzt ein dicker mann und lacht
denn niemand schöpft verdacht

mr. miller bitte an den schalter
sie werden erwartet von einem herrn walter
auf den weg zum schalter macht
sich ein dicker mann und lacht

vierundzwanzig stunden später
bauer balse ahnt schon den täter
in dem neuen krimi den er sieht
als plötzlich so um neune
ein schuß fällt in seiner scheune
schwer gepackt vom krimifieber
schlottern alle seine glieder
doch die spannung reißt ihn mit
und so lenkt er seinen schritt
mutig auf die scheune zu
und denkt hoffentlich lebt noch die kuh
aber nein es ist ihr nichts geschehen
und schon will er wieder gehen
da sieht er hinten an der wand

seine hühnchen liegen im sand
oh jammer elend not
die tierchen sind gar tot
plötzlich fühlt der bauer balse
eine hand an seinem halse
kalt läuft es über seinen rücken
die hände hörn nicht auf zu drücken
er fängt ganz schrecklich an zu toben
fällt schließlich kraftlos dann zu boden

es nässelt
irgendwo schreit ein huhn
bauer balse liegt gefesselt
auf seinem bett als wär er duhn

der vorortszug rauscht durch die nacht
drinnen sitzt ein dicker mann und lacht
denn niemand schöpft verdacht

mr. miller bitte an den schalter
sie werden erwartet von einem herrn walter
auf den weg zum schalter macht
sich ein dicker mann und lacht

der ominöse fall
von dem mord im hühnerstall
wird inspektor quelle übertragen
einem mann von etwa vierzig jahren

auf dem bord an seiner wand
liegt ein kleiner diamant
den der bauer balse fand
er war in einem huhn verborgen
das er am frühen morgen
nach der grauenhaften tat
in seiner küche zubereitet hat

in bauer balses küche
will der inspektor nun
dem diamanten auf die schliche
was soll er denn bloß tun
des diamanten lösung fand
er in des bauern küchenschrank
denn neben einem päckchen butter
eine blaue tüte stand
und vor der aufschrift zucker
war geschrieben diamant

auf dem weg zum amt zurück
hat der inspektor quelle glück
denn er sieht im dunkeln
eine blanke waffe funkeln
jemand hätt ihn fast erdolcht
fortsetzung folgt

11 uhr 10

(an jürgen)

herbert reinecker
der deutsche krimibäcker
hat mal wieder zugeschlagen
und das gleich in drei lagen

11 uhr 20 heißt der neue fernsehschocker
deutschland wird zum stubenhocker
es wird schon jetzt viel diskutiert
und publiziert
drum leute laßts euch sagen
nur dies ist wahr
der mörder heißt vater morgana

der ekel

(an hermine)

dunkel war's der mond schien helle
wie geschaffen für 'ne schnelle
stippvisite
in gebiete
die da
heißen europa

bruder onkel schwester tante
und vom nachbarn die bekannte
oma opa maus und hund
auch der maulwurf aus dem untergrund
fliegen milchkuh sittich rind
mutter und das kleine kind
kurz gesagt die ganze sippe
ist erkrankt an hongkong-grippe

keiner wagt sich aus dem haus
drinnen sieht es garstig aus
jeder schluckt jetzt eifrig pillen
und hofft insgeheim im stillen
daß diese ihm doch helfen mögen

leergefegt sind alle straßen
die blumen sind vertrocknet in den vasen
die gefahr liegt in der luft
wen sie erwischt liegt in der gruft
der schmerz geht bis an die leber
schuld ist der a2-erreger
wir danken sehr dem edlen geber

ein morgen auf station zwo

(an emil)

1
kaum daß die uhr mal sechs geschlagen
und wir noch in den betten lagen
kommt schon ulrike
mit der pike
schiebt sie sanft mir in den bauch
und tut noch einen tupfer drauf
auf daß ich nicht verblute
(so besorgt gibt sich die gute)

2
hintendrein kommt
prompt
schwester hedwig
lädt mich
flugs wie alle tage
hurtig auf die waage
achtundsiebzigkommazwo
abgenommen sososo

3
geschwind wird noch das bett gemacht
hier gezupft und dort gestrafft
derweil ich
mich
rasch
wasch
(meist ich zuerst
und dann herr gerst)
wie im flug vergeht die zeit
denn kaum sind wir soweit

wird – so gegen halb acht –
das frühstück ins zimmer gebracht
aromatisch duftet der kaffee
zwei brötchen becel – schonkost ach herrje

4

kaum legen wir uns wieder
nieder
da schaut
waltraut
zu uns rüber
und schließt den wackren nachbarsmann
an seine beiden flaschen an
auf daß der starke (gersten) saft
ihm gebe wieder frische kraft
(denn wie man weiß macht dusodril
im handumdrehn wieder mobil)

5

grad schien mir noch es fehle
heut die gabriele
da kommt sie schon mit lumpen und mit eimer
husch husch husch – alles ist viel reiner

6

auch die angela
ist wieder da
kommt mit der menükartei
zum frühstück auch ein ei?
um gottes willen nein

joghurt joghurt joghurt soll es sein

7
kaum daß sie verschwunden
dreht ein andrer seine runden
der recke klaus
mißt haargenau den blutdruck aus
fühlt den puls und prüft das fieber
auch stuhlgang gab es heute wieder

8
und um elfe streng nach riten
dann die täglichen visiten
oa behne
prüft die vene
horcht das herz
keine beschwerden keinen schmerz?
tut nichts weh?
nein gut alles okay
stationsarzt knaur raschelt noch im ekg
hier – und er zeigt sehr schnelle
mit dem finger auf die stelle –
hat der patient einen zacken
sonst aber ist er ohne macken

9
draußen steht schon der container bereit
denn halb zwölf ist mittagszeit
schwester violet
bringt diesmal das tablett

wünscht guten appetit
den haben wir – nichts wie weg damit
was mags wohl heute wieder geben
(die meistgestellte frage im krankenleben)
neugierig lupfe ich das häubchen
(vermisse das gebackene täubchen)
kalbsragout mit reis
ist die bescheidene speis

10
zum abschluß schlucken wir die pillen
und hoffen ganz im stillen
daß sie kräftig helfen mögen
wir hängen doch am leben
und weil wir stets sehr brav
wiegt T10 schnell uns in gesunden schlaf

11
ja so oder so auch manchmal andersso
verläuft der morgen auf station zwo

anklage

(an die ruhe)

ich gebe zu daß ich kein alibi habe
oder sollte ich gerade
deswegen
den mörder abgeben
aber das ist doch töricht
das war ich doch nicht
schlafen ging ich um zwei
und um drei
zur mutmaßlichen zeit der tat
hatte ich keinen solchen apparat
in den händen
ach wenn sie mich doch bloß verständen
wer sagt ihnen denn daß gerade ich es sein muß
verdammt nochmal ja ich ging den abend barfuß
und trug nicht diese schuhe
so lassen sie mich doch endlich in ruhe
ich habe nichts verbrochen
erst recht nicht diese frau erstochen
ich habe ich sagte es schon zur tatzeit geschlafen
dafür kann man mich doch nicht bestrafen
soso sie können warten sie sind geduldig
ich aber nicht ich bin unschuldig
natürlich bleibe ich dabei
dies ist auch mein letztes wort
und nun lassen sie mich endlich frei
oder bringen sie mich fort
ich kann sie nicht mehr sehen
ganz egal ich will jetzt gehen
in einer zelle sitz ich nun ich armes stück
und kann nicht raus und nicht zurück

der alte mann und das meer

(an die zeit)

ein mann
sitzt einsam am strande
ein mann
den jeder verachtet

er hat ausgedient
steht auf dem abstellgleis
er hat ausgedient
muß verschwinden – leis

in seinen augen hoffnungsschimmer
dem körper feht die kraft
verstoßen aus der gesellschaft
verbraucht für immer

der glanz vergangener zeiten
verloschen vorbei
der glanz vergangener zeiten
nur träumerei

ein knochen
liegt einsam am strande
ein knochen
den niemand beachtet

so scheints

wenner, auch danner

abscheulich

wenn die fähre
auf die insel
übersetzt
dröhnt herüber das gewinsel
der meute die zum strande hetzt

absonderlich

wenn der bauer
auf die wiese
pinkelt
macht naß er diese
angewinkelt

aufgeregt

wenn seinen auftritt
plant der kandidat
für wetten daß
werden in der tat
so manche betten naß

aufgepaßt

wenn morgens früh
die reißzwecken
angreifen
sollte man sich verstecken
oder einseifen

erbärmlich

wenn die gitarren
der schiffe
jaulen und tanzen
stimmen die riffe
im großen und ganzen

erbaulich

wenn lachend
der computer
die treppe runtersaust
ja dann tut er
es auf eigene faust

erheblich

wenn ins tal
lawinen
stürzen
wird das die latrinen
würzen

erregt

wenn tausend augen
aus dem gulli
starren
läßt das meinen pulli
knarren

erstickt

wenn die
nadel
in die vene sticht
wird ohne tadel
jeder mann zum wicht

erweicht

wenn der zug
die weiche
überfährt
lacht die gleiche
unbeschwert

ertappt

wenn europäer
sich in brasilien
tummeln
wollen an fossilien
meist sie fummeln

erschöpft

wenn der kommissar
den täter
jagt
wird er wenig später
ausgefragt

erledigt

wenn der kommissar
den täter
fängt
wird er wenig später
schon erhängt

ertrunken

wenn der kommissar
den täter
laufen läßt
geht er wenig später
saufen – und zwar fest

erstunken

wenn heute
montag
wär
wär kein schontag
mehr

erlogen

wenn auf die straße
flaschen
fliegen
flugs die taschen
sich verbiegen

erkannt

wenn durch den wald
dreißig
dosen wandern
sind zwei fleißig
faul die andern

verkannt

wenn jemand dir
in deinen garten
eine marmorstatue stellt
lohnt es sich zu warten
bis schließlich sie umfällt

verrechnet

wenn aus dem bauch
die blutwurst
rinnt
dann macht das durst
meint das kind

verwirrt

wenn in der vorstadt
nachts die lichter
ausgehn
fragen besoffene dichter
wie kann das angehn

verkatert

wenn die matrazen
senkrecht
stehen
liegt man schlecht
kann sich nicht drehen

verflucht

wenn sich die
matratzen
senkrecht stellen
fangen katzen
an zu bellen

flucht

wenn der busch
im stadtpark
die pralinen küßt
haben ganz stark
sie ihn versüßt

sucht

wenn gefoult
wird mit gezeter
giovanne elber
schießt den fälligen elfmeter
er oftmals selber

verdonnert

wenn das kind
die butter
haben will
sagt meist die mutter
kind sei still

verheizt

wenn die lampe
über dem tische
zu stark leuchtet
werden zierfische
vorsichtshalber befeuchtet

verfänglich

wenn durch das fenster
will springen
der dieb
hilft vor allen dingen
ein gezielter hieb

verlassen

wenn du merkst
daß die schuhe
dir zu groß
werf sie in die truhe
dann bist du sie los

gelassen

wenn du merkst
daß die schuhe
dir zu klein
werf sie in die truhe
und trink ein gläschen wein

ausgelassen

wenn du merkst
daß dir die schuhe
passen
schnüre sie in aller ruhe
und spaziere durch die gassen

unabänderlich

wenn ich
über ein gedicht
nachdenke
denk ich nicht
ich denke

unerklärlich

wenn der bäcker
seine brötchen
formt und knetet
der schiffer seine knötchen
knüpft und betet

unordentlich

wenn draußen
die sirenen
heulen
holen sich muränen
beulen

ungehörig

wenn die einen
artig übers feld
holpern
die andern hurtig übers geld
stolpern

ungewöhnlich

wenn bei sturm
ins meer die cafetische
kippen
lecken sich die fische
ihre feuchten lippen

ungemütlich

wenn die abendsonne
sich im wald
versteckt
wird es kalt
und man verreckt

unwiederbringlich

wenn das
weiße mieder
wieder glüht
ist der weiße flieder
längst verblüht

sonntags nie

wenn fünfzig
apfelbäume
sich rasieren
werden kühnste träume
rasch erfrieren

verraten

dann
lief ich nach hause
zu meiner mama
doch gabs keine brause
war das ein drama

verkauft

dann
lief ich zum bäcker
wollt holen torte
und hört nur gemecker
von übler sorte

verhoben

dann
lief ich zum schuster
wollt holen die schuh
doch wurde es duster
ich kam nicht dazu

verheint

dann
lief ich alleine
ein buch unterm arm
verse von heine
mein großer schwarm

Inhalt

so oder so

so ist es oft

so what

so weiter

so fort